LOS COLORES DE LA selva tropical

Hermosos y brillantes

por J. Clark Sawyer

Consultores:
Christopher Kuhar, PhD
Director Ejecutivo, Zoológicos de la ciudad de Cleveland
Cleveland, Ohio

Kimberly Brenneman, PhD
Instituto Nacional para la Investigación en Educación Temprana, Universidad de Rutgers
New Brunswick, Nueva Jersey

BEARPORT
PUBLISHING

New York, New York

Créditos

Cubierta, © Kesu/Shutterstock, © Ana Vasileva/Shutterstock, © Jag_cz/Shutterstock, © Santia/Shutterstock, © Mrs_ya/Shutterstock, and © Cosmin Manci/Shutterstock; 3T, © Eric Isselee/Shutterstock; 3M, © Ana Vasileva/Shutterstock; 3B, © JoeyPhoto/Shutterstock; 4R, © Eric Isselee/Shutterstock; 4L, © ehtesham/Shutterstock; 5B, © elnavegante/Shutterstock; 5T, © Eric Isselee/Shutterstock; 6, © Ekkapon/Shutterstock; 7, © Gregory E. Willis; 8, © Otto Plantema/Minden Pictures/FLPA; 9, © Christian Schoissingeyer; 10–11, © milosk50/Shutterstock; 12–13, © Eric Isselee/Shutterstock; 14, © Mark Moffett/Minden Pictures/Corbis; 15, © StevenRussellSmithPhotos/Shutterstock; 16, © Roger Meerts/Shutterstock; 17, © David Kuhn/Dwight Kuhn Photography; 18–19, © Tim Laman/Nat Geo/naturepl.com; 20–21, © Getty Images/Flickr RM; 22T, © fotandy/Shutterstock; 22A, © Vilainecrevette/Shutterstock; 22B, © Tim Laman/National Geographic Creative; 22C, © Alfredo Maiquez/Shutterstock; 22D, © kimberrywood/Shutterstock; 23TL, © Valentina Agapov/Shutterstock; 23TM, © Kietr/Shutterstock; 23TR, © apiguide/Shutterstock; 23BL, © John L. Absher; 23BM, © CreativeNature.nl; 23BR, © holbox/Shutterstock; 24, © Sascha Burkard.

Editor: Kenn Goin
Editora principal: Jessica Rudolph
Director creativo: Spencer Brinker
Diseñadora: Debrah Kaiser
Editor de fotografía: Michael Win
Editora de español: Queta Fernandez

Datos de catalogación de la Biblioteca del Congreso

Clark Sawyer, J., author.
  [Rain forest colors. Spanish]
  Los colores de la selva tropical: Hermosos y brillantes / J. Clark Sawyer ; consultores, Christopher Kuhar, PhD, Director Ejecutivo, Zoológicos de la ciudad de Cleveland, Cleveland, Ohio, Kimberly Brenneman, PhD, Instituto Nacional para la Investigación en Educación Temprana, Universidad de Rutgers, New Brunswick, Nueva Jersey.
      pages cm. — (Los colores cuentan una historia)
  Includes bibliographical references and index.
  ISBN 978-1-62724-468-8 (library binding) — ISBN 1-62724-468-9 (library binding)
  1. Colors—Juvenile literature. 2. Rain forests—Juvenile literature. 3. Camouflage (Biology)—Juvenile literature. I. Title.
  QC495.5.C53418 2015
  535.6—dc23

2014023005

Para más información, escriba a Bearport Publishing Company, Inc., 45 West 21st Street, Suite 3B, New York, New York 10010. Impreso en los Estados Unidos de América.

10 9 8 7 6 5 4 3 2 1

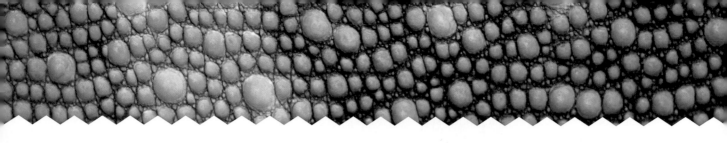

Contenido

Los colores de la selva tropical

En la selva tropical viven plantas y animales de muchos colores.

Sus colores cuentan una historia.

Muchos frutos cambian de color cuando se ponen **maduros**.

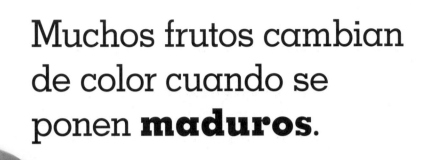

Los frutos de algunas palmeras pasan del verde al anaranjado.

Entonces, los monos saben que el fruto está listo para comer.

Algunos colores ayudan a los animales a esconderse cuando cazan.

Una serpiente verde se confunde con las hojas.

8

¡La rata no ve
a la serpiente
cuando ataca!

9

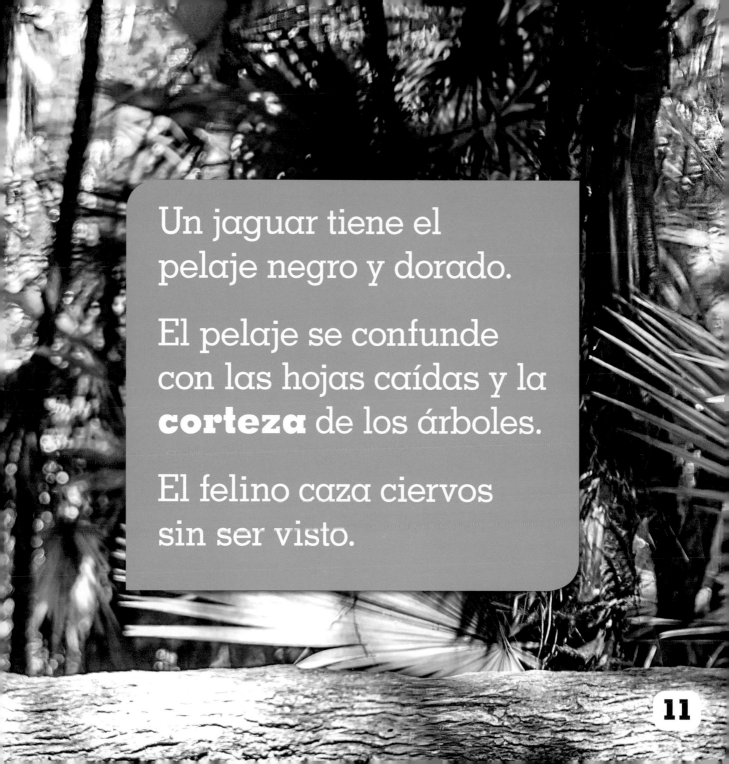

Un jaguar tiene el pelaje negro y dorado.

El pelaje se confunde con las hojas caídas y la **corteza** de los árboles.

El felino caza ciervos sin ser visto.

Un camaleón
tiene un cuerpo
azul y verde.

Sus colores pueden hacerse más brillantes cuando cambia su estado de ánimo.

13

Las flores de colores les dicen a los animales que dentro hay dulce **néctar**.

Un colibrí se
alimenta de
una flor morada
y blanca.

15

Algunos animales
usan los colores para
engañar a sus **presas**.

Una mantis
rosada parece
una flor.

Cuando se acercan **insectos** pequeños para beber el néctar, ¡la mantis ataca!

mosca

Algunos pájaros machos usan los colores para llamar la atención de una **pareja**.

Este pájaro tiene plumas rojas, amarillas y azules.

Cuando cae la noche, algunos hongos emiten un resplandor verde.

Los insectos ven los hongos y se los comen.

Por el día o por la noche, ¡la selva tropical está llena de colores!

Los animales que aparecen aquí viven en la selva tropical. ¿Crees que los colores de cada uno les sirven para esconderse o para sobresalir?

Perezoso

A

Pájaro

B

Rana

C

Mariposa

D

Las respuestas están en la página 24.

Glosario

corteza la cubierta dura de un árbol

insectos animales pequeños que tienen seis patas, el cuerpo dividido en tres partes, dos antenas y una cubierta dura

maduro completamente crecido y listo para comer

néctar un líquido dulce que producen las flores y que comen los insectos y otros animales

pareja un compañero femenino o masculino

presa un animal que es cazado por otros animales para alimentarse

23

Índice

Lee más

Aloian, Molly, and Bobbie Kalman. *A Rainforest Habitat (Introducing Habitats)*. New York: Crabtree (2007).

Canizares, Susan, and Betsey Chessen. *Rainforest Colors (Science Emergent Readers)*. New York: Scholastic (1998).

Lee más en línea

Para aprender más sobre los colores de la selva tropical, visita
www.bearportpublishing.com/ColorsTellaStory

Acerca de la autora

J. Clark Sawyer vive en Connecticut. Ha editado y escrito muchos libros para niños sobre historia, ciencia y naturaleza.

Respuestas de la página 22:

A. esconderse; B. sobresalir;
C. sobresalir; D. esconderse